흑인 인권 운동의 기수
마틴 루터 킹

Scénario: Benoit Marchon
avec les conseils de François Mourvillier
Dessin: Claude et Denise Millet
MARTIN LUTHER KING

Copyright © 1998 by Bayard Éditions / Centurion- Astrapi, Paris
All rights reserved

Translated by Hyeonju Kim
Korean translation copyright © 2002 by Benedict Press, Waegwan, Korea
Published by arrangement with Bayard Éditions Jeunesse SA, Paris

흑인 인권 운동의 기수
마틴 루터 킹
2002 초판
옮긴이·김현주 │ 펴낸이·이형우
ⓒ 분도출판사
등록·1962년 5월 7일 라15호
718-806 경북 칠곡군 왜관읍 왜관리 134의 1
왜관 본사·전화 054-970-2400·팩스 054-971-0179
서울 지사·전화 02-2266-3605·팩스 02-2271-3605
www.bundobook.co.kr
ISBN 89-419-0229-0 07200
ISBN 89-419-0253-3 (세트)
값 7,000원

이 책의 한국어판 저작권은
Bayard Éditions Jeunesse SA와의 독점 계약으로 분도출판사에 있습니다.
저작권법에 의해 한국 내에서 보호를 받는 저작물이므로 무단 전재와 무단 복제를 금합니다.

평화의 사람들 ❹

흑인 인권 운동의 기수
마틴 루터 킹

글 · 브누와 마르숑
그림 · 클로드 미예, 드니즈 미예
김현주 옮김

분도출판사

미국 흑인의 역사

미국의 흑인 인구는 약 3천만 명으로, 전체 인구의 13%에 달한다. 미국은 아프리카의 나이지리아와 자이르, 남미의 브라질과 더불어 세계에서 흑인이 가장 많이 사는 나라다.

미국 흑인의 역사는 1619년까지 거슬러 올라간다. 아프리카에서 흑인 20명을 납치해 온 네덜란드 선원들은 미국 버지니아 주 어느 항구에서 이들을 곡식과 교환한다. 이런 일은 연이어 벌어지고, 얼마 가지 않아 '수입된' 흑인들은 모두 노예로 전락한다. 1660년부터 일부 지주들은 이 제도를 통해 필요한 노동력을 확보했다. 노예들은 가격이 비싼 대신 다루기가 쉬웠다.

유럽 선원들은 값싼 물건(옷감, 무기, 술, 싸구려 보석 …)을 배에 가득 싣고 아프리카로 떠난다. 아프리카 해안에 도착한 그들은 이 물건들을 흑인과 맞바꾼 다음, 대서양을 건너 미국으로 향한다. 흑인들은 노예선 밑바닥에 빼곡히 '적재'되는데, 많은 이들이 항해 도중 죽는다. 살아남은 흑인들은 미국에서 노예로 팔려 간다. 노예선은 미국에서 농산품(설탕, 커피, 코코아, 목화 등)을 가득 싣고 다시 유럽으로 떠난다. 노예들은 농장에서 매우 힘든 노동을 했다. 환경과 처우는 열악했지만 그들은 비싼 '상품'이었기에 비교적 소중히 '관리'되었다. 그러나 반항과 탈출을 시도한 노예들의 말로는 늘 처참했다.

이러한 '노예 무역'은 3백 년간 지속된다. 1,500만에서 1,800만에 이르는 흑인들이 미국으로 강제 이송되었다. 이송 과정에서 살아남은 흑인의 수는 전체의 절반 정도에 불과했다. 1863년, 미국의 새 대통령 아브라함 링컨은 노예 해방을 선언한다. 하지만 흑인 노동력을 착취하여 부를 축적한 미국 남부의 목화 농장주들은 노예제를 도저히 포기할 수 없었다. 그들은 마침내 미 합중국으로부터 독립하기로 결의한다. 이것이 미국 북부(북군, 공화당)와 남부(남군, 민주당) 사이에 일어난 내전, 즉 '남북전쟁'의 시발점이다.

1865년, 남군이 패함으로써 노예제도는 미국 전역에서 완전히 폐지된다. 흑인들은 자유를 얻었으나 생존을 영위할 토지가 없었다. 대부분의 경우, 그들은 하층 소작인으로 머물 수밖에 없었고, 백인들은 흑인들을 따로 분리하는 '인종 분리'를 서서히 제도적으로 정착시켜 나간다. 심지어 일부 백인들은 흑인들을 위협·살해·테러할 목적으로 KKK단이라는 비밀 결사까지 조직한다. 이 실화는 1955년 몽고메리 시에서 시작된다.

브누와 마르숑

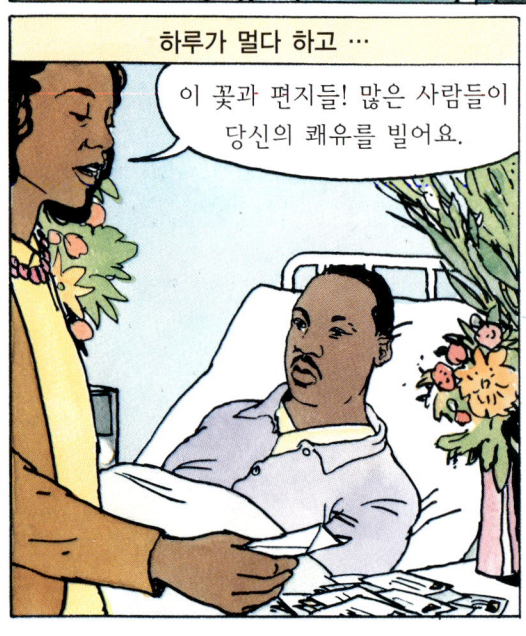

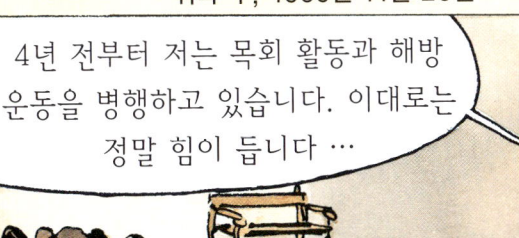

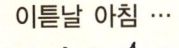

12월 10일, 노르웨이 오슬로, 노벨 평화상 시상식장

"54,000 달럽니다. 드리게 되어 정말 기쁩니다."

"제 돈이 아닙니다. 투쟁에 쓰일 것입니다. 폭력 없는 진리와 무한한 사랑의 승리를 믿습니다 …"

귀국길 …

"유명세는 현실감을 무디게 만들지 … 하지만 아직도 실업자, 선거권 없는 사람, 굶주린 사람들이 한둘이 아니오."

4월 9일, 아틀랜타 …

제 남편은 사람이 가치를 위해서 죽을 각오가 되어 있지 않으면 삶의 의미도 없다고 했습니다 … 그는 자주 죽음을 묵상했죠. 두 달 전 바로 이 교회에서 그이가 남긴 말은 이렇습니다 …

"제 장례식에서 누군가 이렇게 말해 주면 좋겠습니다 …

'마틴 루터 킹은 남을 위해 목숨을 내주려 애썼다 …'

'주린 사람들은 먹이고 …

헐벗은 사람들은 입히려 애썼다.'"

"또 이렇게 얘기해 줬으면 합니다. '마틴 루터 킹은 사랑하려고 애썼다.' … 아, 제가 그리스도인으로 살면서 하느님의 말씀을 전할 수 있다면, 제 인생도 그리 헛되지는 않을 것입니다. …"

하느님의 사람들

이들은 세상의 빛이었다.
이들이 있었기에 세상은 보다 온전한 모습일 수 있었다.
사람의 역사 가운데 가장 숭고했던 인격의 면면들이
아름답고 격조 높은 그림에 실려 우리 곁에 다가온다.

전5권 | 김현주 옮김
각권 A4판 양장 | 7,000원(세트 35,000원)

❶ 예수
글 · 브누와 마르숑 | 그림 · 장 프랑수아 키페 | 48쪽
예수의 삶과 죽음, 말씀과 부활의 의미를 정겨운 그림과 함께 …

❷ 예수의 어머니 마리아
글 · 브누와 마르숑 | 그림 · 장 프랑수아 키페 | 40쪽
예수의 어머니이자 우리의 어머니, 마리아의 따스한 품에 안기는 느낌 …

❸ 불굴의 여행자 사도 바울로
글 · 브누와 마르숑 | 그림 · 도미니크 코르도니에, 베로니크 그로베 | 40쪽
불 같은 용기와 강철 같은 신념, 사도 바울로의 파란만장한 선교 여행기.

❹ 예수의 작은 형제 샤를르 드 푸코
글 · 브누와 마르숑 | 그림 · 레오 베케르, 베아트리스 베케르 | 48쪽
사막에 핀 믿음의 꽃, 만화로 만나는 샤를르 드 푸코의 일대기.

❺ 사부 성 베네딕도
글 · 마리 크리스틴느 레이 | 그림 · 니콜라 빈츠 | 48쪽
수도 생활의 등대, 한 권의 만화에 담긴 베네딕도 수도 규칙의 참정신.

강생의 마리아 귀야르
글 · 브누와 마르숑 | 그림 · 루이 알루앵, 크리스틴느 쿠튀리예
'캐나다 교회의 어머니' 마리아 귀야르의 인간적 고뇌와 신앙.

하느님의 기사 이냐시오 데 로욜라
글 · 엠마뉘엘르 달약 | 그림 · 장 클로드 브누와, 크리스틴느 쿠튀리예
한때 백마 탄 기사가 되고 싶었던 이냐시오 데 로욜라, 그가 '하느님의 기사'로 변모한 까닭은?

평화의 사람들

여기 평화를 위해 살다 간 사람들이 있다.
아픔 없이 사는 세상, 행복하고 사람답게 사는 세상을 위하여
때로 그들은 싸워야 했고, 고통 속에 죽어 가야 했다.
불꽃 같은 열정으로 평화를 갈구했던 성인들, 그들의 삶과 정신을 만화로 만난다.

전5권 | 김현주 옮김
각권 A4판 양장 | 7,000원(세트 35,000원)

❶ 오를레앙의 성녀 **잔 다르크**
글·장 루이 퐁트노 | 그림·에티엔느 정 | 40쪽
프랑스와 영국 간의 백 년 전쟁! 잔 다르크는 과연 조국에 희망과 자유를 안겨 줄 것인가?

인디언 인권의 수호자 **바르톨로메 데 라스카사스**
글·필립 레미 | 그림·가에탕 에브라르, 크리스틴느 쿠튀리예
부와 명예를 꿈꾸며 아메리카 대륙을 밟은 청년 바르톨로메,
그러나 그의 눈에 들어온 인디언들의 참상은 …

❷ 평화의 잔 꽃송이 **아시시의 성 프란치스코**
글·브누와 마르송 | 그림·마르탱 마츠, 크리스틴느 쿠튀리예 | 40쪽
가난한 이들 가운데 가장 가난한 이가 던지는 사랑과 평화의 메시지.

❸ 인도의 빛 **마하트마 간디**
글·브누와 마르송 | 그림·레오, 니콜르 포모 | 48쪽
비폭력·무저항의 숭고한 뜻이 이 한 권의 만화에!
1989년 프랑스 앙굴렘 만화 전시회 '기독교 시각' 상, 종교 서적 청소년 특별상 수상.

❹ 흑인 인권 운동의 기수 **마틴 루터 킹**
글·브누와 마르송 | 그림·클로드 미예, 드니즈 미예 | 40쪽
흑인 인권 운동가 킹 목사가 가난하고 억눌린 자의 편에서 벌이는 외롭고 의로운 투쟁의 기록.

❺ 캘커타의 성녀 **마더 데레사**
글·브누와 마르송 | 그림·노엘르 헤렌슈미트 | 48쪽
『아스트라피』지 기자들의 눈에 비친 마더 데레사와 수녀들의 아름다운 일상.
1986년 최우수 그리스도교 만화에 주는 '무당벌레' 상 수상.